MANEJA MEJOR TU TIEMPO

Angel Escandón Vichis

Acerca del Instructor

Angel Antonio Escandón Vilchis

Estudió una Maestría en Administración y es Licenciado en Administración de Hoteles.

Ha sido Consultor de micro, pequeñas y medianas empresas, participando con el Crece Q.Roo y en forma independiente. Esta actividad le ha permitido asesorar y capacitar a más de 100 empresas de la región en materia de Administración, Mercado, Servicio, Recursos Humanos y Finanzas.

Responsable del área de capacitación del Maroma Resort & Spa perteneciente al grupo Orient-Express Hotels. Teniendo a su cargo la organización, elaboración e impartición de diversos cursos en un proyecto de diez semanas de duración, cerrando el hotel en ese periodo.

Ha cursado en diversas ocasiones seminarios y talleres como "Formación de instructores de acuerdo a competencias laborales", "Calidad en el servicio", "Exportación", "Aprendizaje acelerado", "Franquicias", "Desarrollando el poder con PNL" y otros más.

Como emprendedor ha incursionado y puesto en funcionamiento negocios relacionados con la educación y el entretenimiento.

Es autor de varios artículos sobre temas de administración, finanzas y desarrollo personal publicados en DeGerencia.com y en la Revista Entrepreneur, además de libros y guías de mejora personal y empresarial.

La presente guía está basada en sesiones de capacitación y seguimiento entre clientes del autor pudiendo ahora preparar este documento práctico y fácil de seguir.

Maneja Mejor tu Tiempo

OBJETIVO:

Reconocer la importancia de un manejo adecuado del tiempo mediante conceptos y dinámicas que les facilitarán las herramientas para analizar el uso actual del mismo y la forma de organizarlo uniformemente, buscando disminuir los asuntos urgentes y ocupar ese tiempo en asuntos importantes.

CONTENIDO

- ➤ Introducción
- ➤ ¿Cómo administras tu tiempo?
    - o Encuesta de manejo del tiempo
    - o Análisis de resultados individuales
- ➤ Ladrones del tiempo
    - o Impuestos externamente
    - o Auto-impuestos
- ➤ ¿Qué es Administración del tiempo?
- ➤ Ventajas de Administrar el tiempo
- ➤ Aplicaciones inteligentes
    - o Notas y listas de tareas
    - o Agendas
    - o Administración del tiempo
    - o Administración personal

INTRODUCCION

En nuestra actualidad es innegable que el tiempo nos dura casi un suspiro, tantas actividades, tantos compromisos, tantas responsabilidades y nunca nos alcanza el tiempo para cumplir con todo y con todos.

Constantemente estamos dejando cosas pendientes que a veces se dejan por días, semanas y hasta meses, pero en muchas ocasiones lo que dejamos para después va resultando más importante que lo que veníamos haciendo.

La familia, la salud y hasta los hobbies pueden quedar apartados de nuestra vida porque nunca tenemos tiempo para atenderlos como debe de ser.

Las distancias en las ciudades, el tránsito y las filas nos siguen restando segundos, minutos y horas a nuestra vida, literalmente así es, el tiempo es un recurso no renovable que, aprovechado o no, se ocupa y ya no se repone.

No es de extrañar que a la vuelta de algún tiempo volteáramos hacia atrás y ya han pasado 15 o 20 años desde que salimos de la universidad o nuestros hijos ya son adolescentes o cualquier otra situación que normalmente nos sorprende de vez en cuando en la vida.

El tiempo mide nuestra vida, nuestras actividades pasadas, presentes y futuras pero también mide nuestro nivel de organización y de planeación, podemos hacer todo lo que quisiéramos y que fuera factible de realizar siempre y cuando no dejemos escapar el tiempo en nuestras manos.

En esta guía vamos a aprender que actividades y situaciones en nuestro control nos roban tiempo y como corregirlas. Cabe mencionar que en la mayoría de las ocasiones son hábitos los que nos roban segundos o minutos que luego se convierten en horas, pero también son hábitos los que podemos desarrollar para aprovechar mejor ese recurso que se nos ha dado para aprovecharlo al máximo.

Ojalá sea una solución a por lo menos una situación en tu vida y que tenga un impacto positivo en la misma.

CONTRATO DE APRENDIZAJE

Te pido que llenes las siguientes líneas que te servirán para mantenerte motivado y al final de la guía descubrir lo que has aprendido y lo que puedes aplicar en adelante.

Nombre:
_____

Fecha: _____

Principales conocimientos y/o habilidades que domina relacionados con el contenido:
_____
_____
_____

1.- ¿Qué te motivó a adquirir esta guía?
_____
_____
_____

2.- ¿Qué te comprometes a aportar para lograr tu aprendizaje?
_____
_____
_____

¿COMO ADMINISTRAS TU TIEMPO?

La siguiente es una pequeña encuesta que debes resolver con completa honestidad, con ella podrás determinar en qué estás ocupando tu tiempo actualmente.

1. Haces un listado periódico de los objetivos que quieres cumplir	A. Siempre lo acostumbro B. Algunas veces lo he hecho C. Nunca lo he hecho
2. Tienes el hábito de fijar y ordenar tus prioridades, entendiendo éstas como las acciones que te acercan al logro de tus objetivos	A. Sí lo hago B. No siempre C. No lo acostumbro
3. Tienes un plan de acción escrito que te permite organizar tus tareas diarias, semanales o mensuales para al final evaluar su desarrollo	A. Sí lo tengo B. Sólo cuando emprendo nuevos proyectos C. No lo tengo

4. Postergas con frecuencia tareas o actividades que tienes que realizar	A. Sí, frecuentemente B. Algunas veces C. Nunca
5. Prefieres realizar un informe haciendo el trabajo durante una hora diaria por seis días que hacerlo de una vez durante seis horas con intervalos de descanso	A. Si, en varias sesiones B. Depende del informe C. No, de una sola vez
6. Mantienes una actitud positiva en la labor que desempeñas	A. Siempre B. Lo intento pero resulta difícil C. No
7. Puedes definir claramente cuáles son las labores que deberás adelantar para alcanzar tus objetivos	A. Si las puedo definir B. Solo en algunas ocasiones C. No, realmente no lo creo necesario
8. Combinas periodos de actividad con periodos de descanso	A. Si B. Algunas ocasiones C. No, si descanso desisto de la tarea

9. Al realizar tu plan fijas periodos que, en el fondo, sabes que no vas a cumplir o eres realista cuando le asignas el tiempo a cada tarea	A. Trato de ser realista B. No me fijo C. Fijo 1apsos difíciles
10. Manejas en forma adecuada los imprevistos o cualquier interrupción altera tu rendimiento	A. Si los puedo manejar sin alteraciones a lo planeado B. Me descuadro pero los puedo superar C. Definitivamente me descuadro

Puntuación:

Todas las letras A valen 10 puntos excepto en la pregunta 4 y la pregunta 5 que valen 2 puntos.

Todas las letras B valen 5 puntos.

Todas las letras C valen 2 puntos excepto en la pregunta 4 y la pregunta 5 que valen 10 puntos.

Conforme a esta valuación, contabiliza tus puntos y revisa los resultados.

Resultados:

Entre 80 y 100 puntos
Eres un buen administrador del tiempo, sabes que una buena organización te permitirá alcanzar con mayor rapidez y facilidad los objetivos que te has propuesto. Felicidades y gracias por adquirir esta guía, probablemente haya algo que te pueda servir o se la puedas regalar a alguien más.

Entre 60 y 79 puntos
Presentas deficiencias en algunos aspectos, deberás enfocar mejor tu tiempo, así podrás encontrar un mejor equilibrio en todas tus actividades y alcanzarás tus metas con menos preocupaciones. Esta guía te ayudará a detectar esas deficiencias y a transformarlas para que mejore tu rendimiento.

Menos de 60 puntos
El tiempo te agobia, la desorganización es una gran barrera para ser exitoso, si organizas mejor tus actividades verás mejores resultados. En este caso se aplica la regla 90/10 donde el 90% de las personas tienen esta puntuación contra el 10% que la superan, pero también se aplica para mencionar que el 10% de tus actividades ocupan el 90% de tu tiempo, por eso no alcanzas a hacer más cosas.

LADRONES DEL TIEMPO

Existen diversos factores que alteran el uso que haces con el tiempo, regularmente se les puede clasificar de dos maneras, los impuestos externamente y los auto-impuestos, detectarlos y conocerlos es el primer paso para erradicarlos.

Impuestos externamente

Aquí nos referimos a todos los ladrones de tiempo que pueden surgir repentinamente y son ajenos a nuestro control, en algunos casos.

Interrupciones – Todos aquellos momentos que nos desvían de la actividad que realizamos en determinado momento. Llamadas, mensajes, etc que desvían nuestra atención del objetivo.

Supongamos que estoy escribiendo esta guía fácil de manejo del tiempo y me estoy concentrando completamente en ello pero tengo el teléfono a un lado, el Messenger abierto y la televisión encendida, todos esos factores me puede provocar interrupciones y que fácilmente podemos apagar, encargar o desconectar para evitar que nos desvíen del objetivo.

Esperar por respuestas – Es muy común que determinados asuntos no se resuelvan inmediatamente y debamos esperar a que nos den la información solicitada. Lo más grave de este ladrón del tiempo se da cuando dependemos de una decisión de otra persona y ésta no le toma la debida importancia.

Es una situación sumamente molesta y estresante si consideramos que nuestro avance depende de la respuesta de alguien más. Hay procesos y procedimientos que lo requieren así y lleva sus pautas, lo malo es cuando esta espera se alarga más allá de lo necesario. En estos casos lo mejor es presionar diplomáticamente para obtener la respuesta que se busca y poder avanzar al siguiente paso o cambiar de propuesta o incluso de persona.

Indefinición del trabajo a realizar - Cuando no queda claro lo que debemos hacer nos tomará más tiempo lograrlo.

Es cierto que en muchas ocasiones no sabemos exactamente lo que hay que realizar o por dónde empezar y también es cierto que en innumerables ocasiones quienes nos solicitan algo tampoco son muy claros o específicos y nos quedamos largo rato tratando de acomodar las piezas que nos permitan arrancar.

Tomarse un tiempo para definir primero lo que se debe hacer ahorra más tiempo y esfuerzo que tratar de hacerlo sin tener una meta clara.

Se dice que cuando no se tiene la claridad de hacia dónde vamos, cualquier punto es bueno, pero regularmente ese punto no es lo que necesitábamos.

Trabajo excesivo – La saturación de trabajo influye en un menor desempeño por la impresión de tener que resolverlo todo, pero además provoca una disminución de tiempo en otras actividades de nuestra vida.

Es muy común que por tratar de realizar todo lo que tenemos pendiente, nos saturemos y dejemos a un lado cosas importantes. Si bien es cierto que el trabajo excesivo es parte de un mal manejo del tiempo, seguir en ese círculo vicioso no ayuda a solucionarlo sino que lo empeora aún más.

Recordemos que todo en exceso hace daño y el trabajo en exceso no es la excepción, pero los altos índices de estrés laboral son provocados, en gran medida, por el exceso de trabajo y otros factores, entonces podemos identificar ese círculo que nos mantiene entre el trabajo, la falta de tiempo y el estrés.

Comunicaciones deficientes - La comunicación ambigua, sin ofrecer toda la información necesaria provoca que se ocupe tiempo en averiguar o en lograr el resultado esperado.

Nos sucede lo mismo que veníamos mencionando con la indefinición del trabajo a realizar, pero aquí agregamos la falta de comunicación con otras áreas o personas que nos impide seguir un proceso fluido y tener que desviar la atención o hacer que la otra persona la desvíe para averiguar primero el mensaje completo.

Cambio continuo de prioridades – El constante cambio de prioridades e instrucciones de actividades nuevas a realizar provocan dejar de lado lo que se estaba haciendo y no terminar lo que ya se había empezado.

En nuestra vida diaria tenemos miles de ejemplos de este caso, regularmente emprendemos una acción, por ejemplo ir a otra habitación por una pluma para anotar un mensaje, al ir en el camino vemos una taza de café y se nos antoja tomar un poco así que nos redirigimos a donde está la cafetera, casi llegando vemos tierra en el piso y no vamos por la escoba y el recogedor, pero al jalar la escoba se nos derrama el liquido para trapear, así que empezamos a limpiarlo. A final de cuentas ya ni nos acordamos en primera instancia porqué salimos de la habitación.

Procesos burocráticos – La excesiva solicitud de procesos, documentos o pasos necesarios para resolver situaciones sencillas generan un exceso de control que se vuelve improductivo.

Realmente el único consejo que se puede dar en estos casos es armarse de mucha paciencia, pues no hay poder humano que impida la "tramitología" gubernamental más que ellos mismos.

Lo que sí podemos hacer para mitigarla es reunir toda la información de una sola vez acerca de todos los documentos, formatos y lugares a los que hay que asistir, así como procurar tener varios documentos listos para entregarlos de una vez en las diferentes oficinas y no dar vueltas en diferentes días.

Otro consejo es preguntar, preguntar y preguntar ya que parece que los burócratas están instruidos para dar la información a cuenta gotas o solo conforme vaya avanzando en el trámite. Si le dan un procedimiento por escrito revíselo constantemente y siga el orden aunque haga vrios pasos al mismo tiempo.

Reuniones innecesarias – Problemáticas que pueden ser resueltas en forma práctica e inmediata no requieren de una reunión presencial y mucho menos ocupar el tiempo de otras personas no involucradas.

La famosa "juntitis" que se da en empresas privadas y públicas, pretendiendo que las juntas o reuniones resolverán más rápido las problemáticas. Esto es viable cuando hay varias personas involucradas y requieren aportar algo o tener la información de primera mano.

En un sinnúmero de juntas se rompe el dicho de que "dos cabezas piensan mejor que una", a veces son tan opuestos los puntos de vista que tener varias personas aportando y tratando de dar solución se vuelve una empresa inalcanzable.

Toda reunión debe tener un objetivo y un proceso, con puntos claros a tratar, formas de abordar cada tema y tiempos establecidos, de otra forma estaremos ocupando el tiempo en darle vueltas al asunto para que termine siendo decidido por menos gente de la reunida.

Baja moral en la empresa – La falta de motivación genera inconformidad, provocando que las actitudes sean negativas, las acciones lentas o simplemente no se realice lo que se requiere. El problema puede ser también económico, provocando la inconformidad.

La capacitación y constante atención hacia las necesidades de los empleados no sólo sirve para tener mejores resultados y mayores conocimientos, sino que permite mantener al personal motivado y realizando sus actividades en tiempo y forma.

Las remuneraciones en especie o económicas y los reconocimientos al esfuerzo y trabajo bien realizado buscan mantener una moral que permuta ocupar el tiempo en forma eficiente.

Baste ver las oficinas de muchos trabajadores de empresas públicas para darnos cuenta como es utilizado el aspecto motivacional en relación al tiempo de respuesta.

Fallas frecuentes en los equipos – La falta de mantenimiento preventivo en los equipos provoca que se pierda tiempo al tener que repararlos o comprar nuevos.

Precisamente para esto existen los programas preventivos de los diferentes equipos, para mantener su eficiencia y su continuidad. Pero esto se puede dar también en el aspecto personal, si tengo una impresora que me permite imprimir mis artículos o cualquier otro documento relacionado con mi trabajo y mantengo un stock de cartuchos de tinta nuevos, no tendré que ocupar tiempo en ir a comprar cuando se acabe uno y con ello detener mi proceso y esperar para poder imprimir, es así de simple.

Jefe desorganizado – El constante cambio de prioridades y actividades asignadas provocan dejar a medias otras, por lo que nunca se puede terminar. Es una parte muy difícil de manejar pero es necesario "organizar" a su propio jefe.

¿Quién dijo que no hay jefes desorganizados? Te dan una tarea y a la media hora te están asignando otra que es de mayor prioridad, así que volvemos al ejemplo de la pluma que nunca agarramos y terminamos limpiando con el trapeador.

Poner las cosas en claro con el jefe es un asunto delicado pero no imposible y es más eficiente que correr como pollo sin cabeza cada vez que nos dan una instrucción sin haber acabado la anterior.

Al momento de recibir la nueva instrucción basta con ponerlo al tanto de cómo vamos con la anterior para que sepa que no hemos terminado porque a final de cuentas si nos pide varias actividades para resolver el mismo día y no terminamos ninguna pero tampoco le hacemos ver que no nos está ayudando, simplemente nos tachará de ineptos e incompetentes.

Prioridades en conflicto – Cuando tenemos varias prioridades al mismo tiempo y no elegimos el tiempo para desarrollarlas o se nos juntan o tardamos en decidir por cual empezar, podemos quedarnos sin terminar ninguna.

Queremos subir de puesto, bajar de peso y aprender un nuevo oficio, todo al mismo tiempo, pero no empezamos ninguno o medio empezamos alguno, es como no tomar una decisión entre ir al cine, ir al teatro o ir a la feria, si la indecisión es mayor que nosotros entonces nos quedaremos sin hacer nada.

Auto-impuestos

Estos son los ladrones de nuestro tiempo que nosotros mismos provocamos por omisión o por decisión propia.

Incapacidad para delegar – No dejar el trabajo en manos de quién puede hacerlo y buscar controlarlo uno mismo nos resta tiempo para nuestro propio trabajo. Si la gente no sabe hacerlo, hay que capacitarla, ocuparemos menos revisando que haciendo.

Cuando no sabemos cuándo, cómo o a quién delegar alguna actividad adecuadamente, terminamos haciéndola nosotros o dejándola de hacer por falta de tiempo y es cuando nos justificamos diciendo que "si lo quieres bien hecho, hazlo tu mismo".

Sin embargo si delegamos bien, a tiempo y en forma adecuada, dando las instrucciones precisas y completas e incluso capacitando a la persona que le estamos delegando, podemos estar seguro que hará lo que se pidió en la forma que se solicitó y esto llevará menos tiempo que irlo postergando o que lo sigan haciendo equivocadamente.

Desorden personal – Nuestra falta de organización en cuanto a tiempos y actividades nos hacen dar tumbos de un lado al otro utilizando más tiempo del necesario.

Si no tenemos una idea específica de lo que haremos en los siguientes minuto sy en las próximas horas, días e incluso semanas, podemos estar realizando actividades que no nos benefician ni nos llevan a lograr alguna de nuestras metas a corto, mediano o largo plazo.

Tampoco se trata de planear cada minuto de nuestra vida pero si seleccionar las actividades importantes y darles su espacio y tiempo, pero sobre todo respetar el periodo que se le haya asignado a cada una.

Falta de concentración – Debemos concentrarnos en lo que hacemos para terminarlo más rápido, lo que implica procurar controlar las interrupciones pero también auto-controlar nuestras interrupciones personales.

Aquí volvemos al punto de las interrupciones, nuestro control radica en mantener cualquier fuente de interrupción alejada o apagada para concentrarnos en la tarea que realizamos y también tener la disciplina de no estarnos distrayendo con otras actividades.

Por supuesto que levantarse a tomar un refresco, estirarse o ir al baño son necesarias, tampoco se trata de presionarse y estresarse al punto de quedarse hasta terminar la labor, pero hay otras acciones que solo nos alejan de la concentración y debemos evitarlas para acabar pronto.

No saber escuchar – Muchas veces las soluciones están en manos de nuestra propia gente, ocuparemos menos tiempo y esfuerzo si los escuchamos para solucionar problemas. Y también si enseñamos a escuchar a quienes no lo hacen, demostrándoles las ventajas de los planteamientos.

Todos hemos tenido conversaciones o incluso discusiones que se alargan y se alargan, lo cual puede ser motivado por dos puntos de vista que no se ponen de acuerdo y no llegan a un punto medio o simple y sencillamente porque al defender nuestro punto de vista no escuchamos o creemos haber escuchado lo que dijo la otra persona y rebatimos, al grado de pasar bastante tiempo dando vueltas en lugar de llegar a una solución pronta.

Esta es una característica del ser humano y es difícil de evitar pues también conlleva una dosis del carácter de cada quien, pero en la medida de lo posible hay que escuchar y hay que pedir opiniones, a veces las soluciones llegan más rápido por fuera.

Falta de autodisciplina – Cuando queremos mejorar nuestro entorno pero recaemos en nuestros viejos hábitos no podemos lograr nuestras metas. Si decidimos seguir esta guía para crear un hábito de manejo del tiempo debemos auto disciplinarnos o no lo lograremos.

Sucede en muchas áreas de la vida, si no somos disciplinados no obtenemos resultados, ya sea para bajar de peso, mejorar la condición física, conseguir un mejor empleo y hasta manejar mejor nuestro tiempo.

Las actividades y hábitos que empecemos a realizar debemos continuarlos con la meta en nuestra mente que la constancia y la disciplina nos llevarán a los resultados.

No tomar decisiones – Postergar una decisión puede, en muchos casos, impedir una solución o crear mayores problemas que se van intensificando con el tiempo.

Dejar las cosas para después, a menos que ese después nos permita manejar mejor la situación, puede convertirse en una bola de nieve, hay que dejar de planear y empezar a aterrizar, es decir, dejar de imaginar y poner manos a la obra.

Hay decisiones que deben tomarse de inmediato y otras que requieren mayor análisis pero lo importante es tomarlas y apegarse ellas.

No completar las tareas ya iniciadas – Sentarse a terminar tareas específicas requiere disciplina y concentración, si dejamos inconclusas las tareas, más tarde se nos acumularán tantas que será imposible hacerlas.

Esto se complementa con punto anteriores y se puede ejemplificar cada vez que nos llega correo, lo abrimos y lo leemos pero si todo el correo lo dejamos en un solo lugar dentro de poco será una torre de papeles inservibles. En este caso se debe ser disciplinado, constante y tomar la decisión de qué hacer con el correo, por ejemplo lo guardamos en un folder correspondiente, lo colocamos en el área de "por pagar" o si ya no sirve lo rompeos y lo tiramos

El no realizar esta sencilla acción cada vez que tengamos correo nos acumulará papeles y tendremos que ocupar más tiempo en arreglar.

Postergar frecuentemente las tareas – "Al mal paso darle prisa", si tenemos tareas que no nos agradan del todo, es mejor resolverlas y quitarse el pendiente en lugar de postergarlas indefinidamente.

Un ejemplo claro es cuando tomamos un libro o los niños toman sus juguetes y se deja en cualquier parte menos su lugar para guardarlo, el siguiente libro o juguete sucede lo mismo y así indefinidamente hasta que se vuelve algo insostenible y debemos ocupar mucho más tiempo en acomodar del que hubiéramos ocupado poniendo solo uno a la vez en su lugar al terminar de usarlos.

Pasa lo mismo con la ropa, si la dejamos aventada, tarde o temprano tendremos que levantarla y llevarla a su lugar, para cuando esto suceda ya serán toneladas de ropa y un cúmulo de varios minutos ¿no sería más fácil solo acomodar o poner en la ropa sucia la que utilicé ese mismo día?

Fatiga – Toda la presión, falta de tiempo, carreras, urgencias, trabajos inconclusos, etc. Crean altos niveles de stress que se ven reflejados en fatiga, provocando un círculo vicioso pues dejamos de hacer tareas que debemos terminar o postergamos nuevamente.

En el momento en que estamos cansados y fatigados lo que menos deseamos hacer es algo más, solo queremos descansar, pero todo el círculo vicioso nos lleva a no tener ya ganas de hacer nada y por tanto las tareas se postergan, los objetivos no se alcanzan en el tiempo y nos sentimos frustrados o engañados.

Si una meta es la mejor en la condición física pero constantemente estamos poniendo pretextos de tiempo, trabajo, juntas y a eso le sumamos que cuando por fin tenemos chance nos sentimos agitados y sin ánimo, entonces desistimos de ir y aunque digamos "solo por esta vez", eso se empieza a traducir en algo continuo que nos impide lograr la meta deseada.

Excesiva socialización en el trabajo – Las reuniones ante una taza de café para hablar de situaciones que no tienen que ver con el momento reducen significativamente nuestro tiempo productivo. No se trata de ser ermitaños pero si darle su tiempo y lapsos a cada cosa.

Con el uso de la tecnología, no nos extrañe que en los centros de trabajo se prohíban los programas de comunicación, las redes sociales y hasta los correos personales, sobre todo si el personal demuestra un alto índice de improductividad y tareas inconclusas.

La socialización actualmente se da en forma personal y en forma informática, pero depende de cada uno darle a cada cosa su lugar.

En el libro de Chris Gardner y posterior película "En busca de la felicidad", relata como para reducir el tiempo entre una llamada y otra de sus prospectos para llamar más que sus compañeros, no se levantaba a tomar agua para no tener que ir al baño ni ocupaba un solo minuto para socializar, esto es un caso extremo, pero si contáramos el tiempo ocupado en socializar fuera de los horarios establecidos para descanso, almuerzo y salida, veríamos porque no terminamos el reporte del día.

Actitud negativa hacia el trabajo – La falta de motivación y la baja moral de la empresa son muy contagiosas. Al tomar esta actitud afectamos nuestro trabajo y nuestro tiempo directamente.

En esta parte si tenemos cierto grado de culpa, no podemos decir solamente que la empresa no nos motiva o no nos incentiva, la mayor motivación debe venir de nosotros mismos al buscar una meta y hacer todo lo necesario por alcanzarla.

Si las cosas se ponen difíciles y está en riesgo la estabilidad laboral y emocional así como el logro de las metas, lo mejor e sbuscar un lugar donde se valor mucho mejor al personal.

No deshacerse rápidamente de los documentos que le llegan – Existe método Kaizen que nos indica que el acumulamiento excesivo de documentos provoca actitudes psicológicas muy particulares hacia el trabajo y nos roba el tiempo su constante organización.

La correcta clasificación de los documentos también nos ahorra mucho tiempo y espacio, ¿quién o se ha enfrascado en una lucha con su escritorio por encontrar un documento importante que dejó a la mano?

A veces dejar a la mano muchas cosas provoca que sean más difíciles de localizar, un espacio despejado y acomodado permite una rápida búsqueda y una reducción en los niveles de estrés.

Ahora que hemos visto todos los ladrones del tiempo tanto externos como auto-impuestos, es momento de que los acerques a tu vida cotidiana.

Realiza una lista que incluya un objetivo cualquiera pero que sea importante para ti y debajo enumera los ladrones del tiempo externos que te han impedido llegar o avanzar a ese objetivo.

Después enumera a los ladrones del tiempo auto-impuestos que no te han dejado llegar o avanzar en dirección a esa meta.

Finalmente haz un análisis y clasifica aquellos ladrones del tiempo que podrías eliminar y la forma en que lo harías, en este punto cualquier ahorro de tiempo es un gran avance en la dirección del objetivo.

Finalmente coloca las acciones que debes emprender para ir hacia tu objetivo y evitar que esos ladrones del tiempo te distraigan de nuevo.

Esto lo puedes hacer con tantas metas u objetivos que quieras y verás como paulatinamente estás empezando a organizar mejor tu tiempo.

Objetivo:

_____

Ladrones externos

Ladrones auto-impuestos

Acciones a ejecutar

¿QUE ES ADMINISTRACION DEL TIEMPO?

La administración del tiempo se refiere al control del recurso más valioso y subvaluado

¿Qué sucedería si gastáramos el dinero de la compañía como gastamos el tiempo?

La ausencia de administración del tiempo se caracteriza por:

- Carreras de último momento, lo que denominamos "Bomberazos" donde prácticamente debemos correr para resolver una situación inesperada, la cual regularmente se pudo haber evitado con una adecuada planeación.
- Falta de solución de tareas encomendadas en tiempos límites, puesto que no controlamos nuestro tiempo y establecemos limites de tiempo irreales o no los cumplimos.
- Crisis que parecieran surgir de la nada, situaciones inesperadas que se suscitan una tras otra creando una crisis y que solo son bomberazos mal resueltos.
- Días que parecen improductivos, donde nos pasamos haciendo actividades urgentes o ineficientes y sin poder solucionar las situaciones prioritarias.

Los factores que afectan la administración del tiempo se pueden dividir en 4 grandes grupos:

- Desperdicio de tiempo – Realizando actividades que no tienen nada que ver con nuestro objetivo.
- Hacer el trabajo de otros – Realizar la tarea de algún compañero o jefe que regularmente no nos corresponde.
- Hacer el trabajo de los subordinados – Debido a la falta de administración del tiempo tener que realizar el trabajo de los subordinados para cumplir las metas del departamento.
- Reuniones – Juntas largas, tediosas e improductivas con mucha información poco relevante o temas ajenos a la mayoría de los participantes.

Cuantas veces no nos encontramos tomando más tiempo del habitual o del necesario en platicar con compañeros del trabajo sobre temas ajenos a la empresa;
O quizá aceptando tareas de nuestros jefes aún cuando ya estamos saturados sólo porque nos sentimos con la obligación de hacerlo;
O tal vez haciendo el trabajo de los demás porque si lo hacen ellos nunca queda bien;
Y por último asistiendo u organizando reuniones sin temas específicos, sin una orden del día y sin seguimiento de la reunión anterior.

VENTAJAS DE ADMINISTRAR EL TIEMPO

La administración del tiempo permite:
- Eliminar desperdicio de tiempo
- Estar preparado para las reuniones
- Rechazar trabajo excesivo
- Monitorear progreso de proyectos
- Ordenar las actividades por importancia
- Asegurarse de realizar proyectos a largo plazo
- Planear cada día eficientemente
- Planear cada semana efectivamente

Este hábito de manejar mejor nuestro tiempo no se da de la noche a la mañana, como todo hábito requiere de por lo menos:

21 días

En ese tiempo se debe tener el firme propósito de planear, organizar y desarrollar nuestras actividades, respetando cada uno de los tiempos dispuestos para ellas, después de ese lapso ya será un hábito inherente a nosotros mismos.

En diferentes países desarrollados la impuntualidad es mal vista, de la misma forma que el pasar más de las horas laborales necesarias en el trabajo, por increíble que parezca.

Usualmente en nuestro país se considera eficiente y trabajador a una persona que pasa más de ocho horas en su lugar de trabajo. Pero en los países más poderosos es considerada una debilidad, una falta de organización y un exceso innecesario.

Cumplir eficientemente con el horario laboral permite tener la posibilidad de desarrollar actividades personales y familiares, tan necesarias para el buen desempeño en el trabajo como las mismas habilidades y conocimientos requeridos para el puesto.

El estrés es la muestra de que nos excedemos en el aspecto laboral y los padecimientos vinculados son la prueba de lo mortal que puede llegar a ser.

También la falta de mejores oportunidades laborales se ve incrementada si no tenemos el tiempo para capacitarnos en áreas que requerimos o si ya estamos aprendiendo algo nuevo y necesario pero aceptamos más trabajo que nos quita esas horas de preparación para nosotros mismos.

APLICACIONES INTELIGENTES

Notas y listas de tareas (1ª. Generación)

La organización de las actividades se ha desarrollado hasta la fecha a través de una lista de tareas que deben ser realizadas en determinado tiempo.

Estas notas o listas de tareas tienen la ventaja de no dejarnos depender de la memoria siempre y cuando las revisemos constantemente.

Por otra parte, tienen la desventaja de no tener tiempos específicos y la facilidad de postergarlas de un día a otro infinitamente. Además que el sólo hecho de ver una larga lista de cosas por hacer nos confunde, reduce el entusiasmo y mezclamos los niveles de prioridad.

Agendas (2ª. Generación)

Las agendas también son utilizadas para marcar tiempos, más específicos que las notas, pero además su mayor uso es recordarnos fechas importantes, reuniones y días límite.

Nos permiten organizarnos en tiempos determinados, sin embargo se pueden saturar con facilidad sólo de asuntos de trabajo y su uso más frecuente es para concertar citas.

Las agendas también deberían ser utilizadas para colocar los tiempos de esparcimiento, ejercicio y convivencia sobre todo cuando se tienen cortos periodos de descanso o se hacen viajes largos

Administración del tiempo (3ª. Generación)

Permite el uso adecuado de las herramientas anteriores para poder realizar el trabajo en los tiempos establecidos por nosotros o por otras personas.

Se usa regularmente en situaciones laborales sin considerar ningún otro tipo de actividad que igualmente afecta nuestra vida diaria.

La administración del tiempo laboral evoluciona al percatarse que las situaciones personales también son importantes y afectan directamente la productividad de las personas y el uso que hacen de su tiempo.

Administración personal (4ª. Generación)

Esta clasificación nos permite utilizar la ventaja de las aplicaciones de otras generaciones y además tener tiempo para nuestros asuntos personales, familiares, salud, crecimiento, etc.

En este punto, que es el tema de esta guía, podemos organizar nuestra vida sin descuidar ningún aspecto y cumplir con cada una de sus etapas y obligaciones, va más allá del hecho de recordarnos fechas, horarios y compromisos, sino que permite darle tiempo a cada pieza e irlas balanceando para que tengamos una vida completa.

Puede ser tan específica como se quiera hacer y al mismo tiempo flexible para las situaciones que cambian con el entorno.

Para poder utilizar esta herramienta debemos considerar todavía algunos aspectos importantes que deben quedar perfectamente claros y hacer un uso eficiente de los mismos.

URGENTE VS. IMPORTANTE

Gran parte de la pérdida de tiempo recae en situaciones repetitivas que tenemos que resolver constantemente debido a que no han tenido una solución de raíz y se convierten en situaciones urgentes o "bomberazos".

Si analizamos nuestra rutina diaria podemos definir la cantidad de tiempo que debemos utilizar en urgencias que podían haberse prevenido con suficiente tiempo.

Situaciones Urgentes

Aquellas actividades que requieren una acción inmediata. Usualmente no planeadas y que nos distraen de cualquier cosa que estemos realizando.

Indica algunos ejemplos en tu vida diaria:

_____

_____

_____

_____

_____

_____

Situaciones Importantes o Prioritarias

Aquellas actividades que tienen que ver con los resultados. Son los momentos en que planeamos, programamos, resolvemos situaciones antes de que sucedan o corregimos situaciones repetitivas que ya sucedieron, impactando directamente en nuestra atención, eficiencia y eficacia.

Indica algunos ejemplos en tu vida diaria:

_____

_____

_____

_____

_____

_____

MATRIZ DE ADMINISTRACION PERSONAL

Administración por crisis

Cuando nuestras actividades se centran en resolver en el momento situaciones urgentes e importantes, dando una imagen de desorganización y descontrol total, donde nada está planeado ni organizado o donde no hay respuestas inmediatas.

Indica algunos ejemplos en tu vida diaria:

_____

_____

_____

_____

Administración Reactiva

Implica la reacción ante situaciones que se dan, urgentes pero no importantes, donde pasamos tiempo resolviendo detalles y cosas que no solucionarán ninguna otra. Se ocupa la frase "tapar un hoyo y abrir otro".

Indica algunos ejemplos en tu vida diaria:

_____

_____

_____

_____

Administración Inefectiva

Son los momentos que ocupamos para actividades sin ningún beneficio laboral, personal, familiar y que regularmente se dan en nuestro lugar de trabajo a través de los famosos "ladrones del tiempo" pues no es urgente y mucho menos importante.

Indica algunos ejemplos en tu vida diaria:

_____

_____

_____

_____

Administración Proactiva

Implica adelantarnos a los hechos, planear, solucionar, organizar y demás actividades que nos permiten disminuir la presión y las carreras de último minuto. Aquí resolvemos las situaciones que no son urgentes pero si importantes para nuestro trabajo y nuestra vida.

Indica algunos ejemplos en tu vida diaria:

_____

_____

_____

_____

En este punto empezamos a decidir el rumbo de nuestra vida y de nuestro tiempo, primero que nada debemos tener claro lo que queremos hacer, mucho ojo en no intentar hacer todo al mismo tiempo porque caemos en la desorganización, indecisión y otros ladrones del tiempo.

Una vez teniendo uno o varios objetivos debemos especificar las acciones que emprenderemos para lograrlos y en el camino ir detectando los ladrones del tiempo, las situaciones urgentes e importantes y la forma en que administramos nuestro tiempo para saber si vamos en la dirección correcta.

Para obtener el hábito de manejar mejor nuestro tiempo se recomienda empezar con un objetivo quizá de corto plazo, con un esfuerzo bajo o medio para ir tomando confianza en el proceso, después podemos tomar dos objetivos en conjunto y así sucesivamente.

Pero lo más importante radica en que el organizar nuestro tiempo para ese objetivo y las actividades diarias implica también incluir tiempos para nuestra familia, nuestra salud y nuestro espacio propio. Siempre hay actividades por realizar en estas tres importantes áreas de nuestra vida, organizar días de campo, asistir al gimnasio o al chequeo médico y relajarse en su actividad favorita son solo algunos ejemplos.

Para acciones mucho más específicas que impliquen mayor detalle y regularmente de ámbito laboral, te recomiendo la Guía Fácil para Elaborar un Plan de Acción.

CONTRATO DE PROACTIVIDAD

Principales conocimientos y/o habilidades que
he adquirido con el curso:

_____

_____

_____

1.- ¿Cómo aplicaré lo aprendido a mi vida
diaria?

_____

_____

_____

2.- ¿Cuándo iniciaré a aplicarlo y cada cuando
revisaré estarle dando seguimiento?

_____

_____

_____

3.- ¿Cuánto tiempo necesito para que el uso de
estas herramientas se conviertan en un hábito
para mí?

_____

_____

_____

4.- ¿Estoy dispuesto a cumplirlo?, ¿Porqué?

_____

_____

_____